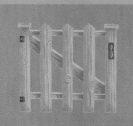

This book belongs to:

_____

Published by Ladybird Books Ltd
A Penguin Company
Penguin Books Ltd, 80 Strand, London WC2R 0RL, UK
Penguin Books Australia Ltd, Camberwell, Victoria, Australia
Penguin Books (NZ) Ltd, Cnr Airbourne and Rosedale Roads, Albany, Auckland, 1310, New Zealand

1 3 5 7 9 10 8 6 4 2

© LADYBIRD BOOKS MMV

Sounds and Pictures is based on an original concept by Mervyn Benford

Printed in Italy

Say the sound

Written by **Claire Llewellyn**

Illustrated by **Katherine Lucas**

Ladybird

Say the sound a

Children build their vocabulary from an early age by listening and talking. Long before children can read and write, they have stored up a vast memory of words as *sounds*. When they come to read words in print, they have to make the connection between the printed word and the sounds they already know.

This book concentrates on finding and differentiating between the short vowel sound **a** (as in **a**pple) and the long vowel sound **a** (as in **a**pron) within words.

Have fun playing with letter sounds

- Find objects around the home that have short and long **a** sounds in them.

- Enjoy singing nursery rhymes highlighting the **a** sounds, such as 'Pat-a-cake, pat-a-cake'.

- Some children may be ready to learn how other letters affect the **a** sound. For example, the letter **e** at the end of some words makes the **a** say its name (such as c**ake**).

- Look at the pictures in this book. Can your child find the real objects in the world around them? For example, relating a picture of a cat to a real cat.

Say the sound **a**.

Look at the picture.
What can you see?

Say the short **a** sound in

cat

Look at the word.
What does it say?

Can you point to the
sound **a** in the word?
What other words have
the sound **a** in them?

More from the Sounds and Pictures series

Finding sounds within words helps children to prepare for
reading and writing. This series focuses on initial letter sounds
and more short and long vowel sounds within words:

Say the **alphabet** sounds
Say the sound **e** (as in r**e**d and t**e**apot)
Say the sound **i** (as in p**i**n and k**i**te)
Say the sound **o** (as in c**o**t and b**o**at)
Say the sound **u** (as in c**u**p and s**u**permarket)

Say the short **a** sound in

apple

Say the short **a** sound in

cat

Say the short **a** sound in

van

Say the short **a** sound in

rabbit

Say the short **a** sound in

bag

Say the short **a** sound in

sandwich

Say the short **a** sound in

man

Say the short **a** sound in

tap

Say the short **a** sound in

hammer

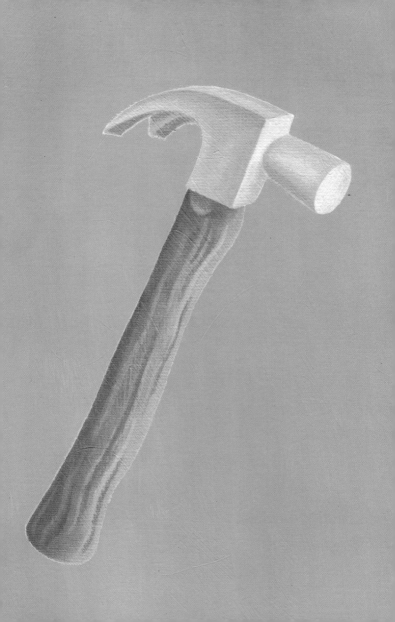

Say the short **a** sound in

fan

Say the short **a** sound in

lamb

Look at the pictures.

What can you see?

Can you say the short **a**
sound in these words?

Now say the long **a** sound in

apron

Say the long **a** sound in

rainbow

Say the long **a** sound in

table

Say the long **a** sound in

baby

Say the long **a** sound in

cake

Say the long **a** sound in

lake

Say the long **a** sound in

paintbrush

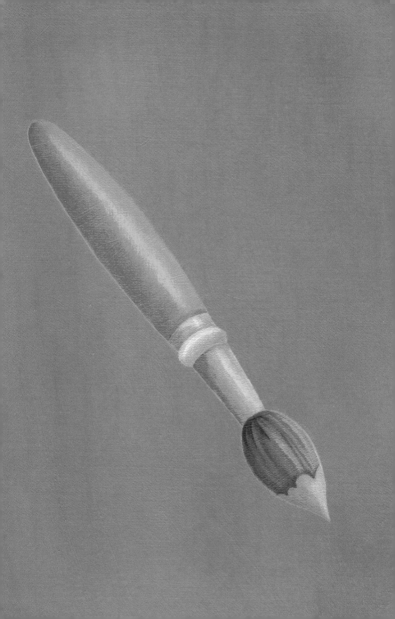

Say the long **a** sound in

waves

Say the long **a** sound in

gate

Say the long **a** sound in

face

Look at the pictures.

What can you see?

Can you say the long **a** sound in these words?